Der Mann d

Evelyn E. Smith

Writat

Diese Ausgabe erschien im Jahr 2023

ISBN: 9789359253312

Herausgegeben von
Writat
E-Mail: info@writat.com

Nach unseren Informationen ist dieses Buch gemeinfrei.
Dieses Buch ist eine Reproduktion eines wichtigen historischen Werkes. Alpha Editions verwendet die beste Technologie, um historische Werke in der gleichen Weise zu reproduzieren, wie sie erstmals veröffentlicht wurden, um ihre ursprüngliche Natur zu bewahren. Alle sichtbaren Markierungen oder Zahlen wurden absichtlich belassen, um ihre wahre Form zu bewahren.

DER MANN DRAUßEN
von EVELYN E. SMITH

Niemand in der Nachbarschaft war überrascht, als Martins Mutter verschwand und Ninian kam, um sich um ihn zu kümmern. Mütter hatten die Angewohnheit, in diesen Gegenden zu verschwinden, und ohne sie waren die Kinder oft besser dran. Martin war keine Ausnahme. So gut hatte es ihm noch nie ergangen, als er bei seiner alten Dame lebte. Was seinen Vater betrifft, hatte Martin nie einen gehabt. Er war ein Kriegsbaby, geboren aus einer Flut von Soldaten – Feinden und Verbündeten zugleich –, die in aufeinanderfolgenden Wellen das Land überschwemmt und die Frauen gekauft oder mitgenommen hatten. Auf diese Weise gab es also keine Probleme.

Manchmal fragte er sich, wer Ninian wirklich war. Offensichtlich war die Geschichte, dass sie aus der Zukunft kam, nur ein Gag. Außerdem, wenn sie wirklich seine Ururenkelin war, wie sie sagte, warum sollte sie ihm dann sagen, er solle sie „ *Tante Ninian* " nennen? Vielleicht war er erst elf, aber er hatte es schon erlebt und wusste genau, wie hoch der Punktestand war. Zuerst hatte er gedacht, sie sei vielleicht eine neue Art von Sozialarbeiterin, aber dafür benahm sie sich etwas zu verrückt.

Er liebte es, sie zu ködern, so wie er es geliebt hatte, seine Mutter zu ködern. Bei Ninian war es jedoch sicherer, denn wenn er sie zu weit drängte, weinte sie, anstatt mit ihm den Boden aufzuwischen.

„Aber ich kann es nicht verstehen", sagte er mit geradem Gesicht. „Warum musst du aus der Zukunft kommen, um mich vor deinem Cousin Conrad zu schützen?"

„Weil er kommt, um dich zu töten."

„Warum sollte er mich töten? Ich habe ihm nichts getan."

Ninian seufzte. „Er ist mit der aktuellen Gesellschaftsordnung unzufrieden und dich zu töten ist Teil eines ausgeklügelten Plans, den er entwickelt hat, um sie zu ändern. Du würdest es nicht verstehen."

„Da hast du verdammt recht. Ich verstehe es *nicht*. Worum geht es bei reinem Gas?"

„Oh, stellen Sie einfach keine Fragen", sagte Ninian gereizt. „Wenn du älter wirst, wird dir jemand das Ganze erklären."

Also schwieg Martin, denn im Großen und Ganzen gefielen ihm die Dinge so, wie sie waren. Ninian war jedoch wirklich die Grenze. Alle Leute, die er kannte, lebten in schäbigen Mietshäusern wie seiner, aber sie schien es ekelhaft zu finden.

„Wenn es Ihnen also nicht gefällt, räumen Sie es auf", schlug er vor.

Sie sah ihn an, als wäre er verrückt.

„Dann engagieren Sie ein Dienstmädchen!" er spottete.

Und verdammt, wenn dieser Trottel nicht rausgehen und eine Frau holen würde, die das Haus aufräumt! Es war ihm so peinlich, dass er es nicht einmal wagte, sein Gesicht auf der Straße zu zeigen – vor allem nicht, weil die Frauen ihn anknöpften und wissen wollten, was er gab. Sie versuchten, mit Ninian zu reden , aber sie wusste auf jeden Fall, wie sie ihnen die kalte Schulter zeigen konnte.

Eines Tages kam der Schulschwänzer und fragte, warum Martin nicht zur Schule gekommen sei. Nur sehr wenige Kinder aus der Nachbarschaft besuchten regelmäßig den Unterricht, das war also reine Routine. Aber Ninian wusste das nicht und geriet richtig in Aufregung, als sie plapperte, dass Martin krank sei und die Arbeit nachholen würde. Martin wurde fast schlecht, weil er innerlich so heftig lachte.

Aber er lachte aus vollem Halse, als sie hinausging und einen Privatlehrer für ihn engagierte. Ein Nachhilfelehrer – in dieser Gegend! Martin musste jedes Kind im Block verprügeln, bevor er einen Schritt gehen konnte, ohne „Fancy Pants!" zu hören. schrie ihm nach.

Ninian machte sich die ganze Zeit Sorgen. Es war ihr egal, was diese Leute über sie dachten, denn sie machte keinen Hehl daraus, dass sie sie kaum besser betrachteten als Tiere, aber sie scheute sich, Aufmerksamkeit zu erregen. Es gab sehr viele Menschen in der Nachbarschaft, denen es genauso ging, nur wusste sie das auch nicht. Sie war wirklich ziemlich dumm, dachte Martin, trotz all ihrer ausgefallenen Ausdrucksweise.

„Es ist so schwer, sich diese Dinge auszudenken, ohne vorher eine praktische Anwendung zu haben", sagte sie ihm.

Er nickte, da er wusste, was sie damit meinte, dass alles schief lief. Aber er versuchte nicht, ihr zu helfen; Er schaute nur zu, um zu sehen, was sie als nächstes tun würde. Er hatte bereits begonnen, die distanzierte Rolle eines Zuschauers einzunehmen.

Als klar wurde, dass seine Mutter nie wieder auftauchen würde, kaufte Ninian eines dieser kleinen, fast identischen Häuser, die nach jedem Krieg am Rande einer Stadt wie Pilze aus dem Boden schießen, besonders dort, wo durch intensive Bombenangriffe eine Reihe begehrter Bauplätze entstanden sind.

„Dies ist eine viel bessere Gegend, in der ein Junge aufwachsen kann", erklärte sie. „Außerdem ist es hier einfacher, ein Auge auf dich zu haben."

Und sie behielt ein Auge auf ihn – sie oder einen eher geckenhaften jungen Mann, der gelegentlich zu ihnen kam. Martin wurde gesagt, er solle ihn Onkel Raymond nennen.

Von Zeit zu Zeit gab es andere Besucher – Onkel Ives und Bartholomew und Olaf, die Tanten Ottillie und Grania und Lalage und viele mehr – allesamt Cousins und Cousinen des anderen, wie ihm gesagt wurde, allesamt Nachkommen von ihm.

Martin wurde keine Minute allein gelassen. Er durfte nicht mit den anderen Kindern in der neuen Nachbarschaft spielen. Jedenfalls hätten ihre Eltern es nicht zugelassen. Die Erwachsenen dachten offensichtlich, dass mit ihm etwas nicht stimmte, wenn eine Ein-Wagen-Familie Privatlehrer für ihr Kind engagierte. Martin und Ninian waren also genauso auffällig wie zuvor. Aber er gab ihr keinen Hinweis. Sie war erwachsen; Sie sollte es besser wissen als er.

Er lebte gut. Er hatte Essen, von dem er noch nie zuvor geträumt hatte, und warme Kleidung, die noch nie jemand vor ihm getragen hatte. Er war von mehr Luxus umgeben, als er damit anzufangen wusste.

Die Möbel waren im neuesten afrikanischen Stil von New Grand Rapids. An den Wänden hingen ordentliche, farbenfrohe Picasso- und Braque-Drucke. Und jeder Zentimeter des Bodens war bescheiden mit Teppichen bedeckt, obwohl die Wände größtenteils aus unverschämtem Glas bestanden. Es gab ständig heißes Wasser und Heizung und einen gut gefüllten Gefrierschrank mit Lebensmitteln – etwas unregelmäßig ausgewählt, da Ninian nicht viel über Mahlzeiten wusste.

Der nicht verglaste Teil des Hauses bestand aus gepflegtem, naturfarbenem Holz, mit einem gepflegten grünen Rasen davor und einem hübschen, zweifarbigen Garten hinten.

Allerdings vermisste Martin die alte Nachbarschaft. Er vermisste es, andere Kinder zum Spielen zu haben. Er vermisste sogar seine Mutter. Sicher, sie hatte ihm nicht genug zu essen gegeben und sie hatte ihn manchmal so hart verprügelt, dass sie ihn fast getötet hätte – aber es gab auch Zeiten, in denen sie ihn umarmt und geküsst und seinen Kragen mit ihr durchnässt hatte Tränen. Sie hatte alles für ihn getan, was sie konnte, und ihn auf die einzige

Weise unterstützt, die sie kannte – und wenn es der respektablen Gesellschaft nicht gefiel, dann zum Teufel mit der respektablen Gesellschaft.

Von Ninian und ihren Cousins war nur eine unpersönliche Freundlichkeit zu spüren. Sie machten keinen Hehl daraus, dass sie nur hier waren, um eine ziemlich unangenehme Pflicht zu erfüllen. Obwohl sie mit ihm im Haus waren, lebten sie in ihren Gedanken und in ihren Gesprächen in einer anderen Welt – einer Welt der Wärme, des Friedens und des Überflusses, in der niemand arbeitete, außer im Staatsdienst oder in lebenswichtigen Berufen. Und sie schienen zu glauben, selbst diese Art von Arbeit sei ziemlich minderwertig, wenn auch besser, als tatsächlich irgendetwas mit den Händen zu tun.

Martin begriff, dass in ihrer Welt niemand mit Händen arbeitete; Alles wurde maschinell erledigt. Alles, was die Leute jemals taten, war hübsche Kleidung zu tragen, eine gute Zeit zu haben und so viel zu essen, wie sie wollten. Es gab keine Verwüstung, keinen Krieg, kein Unglück, keine der Begleiterscheinungen eines normalen Lebens.

Da begann Martin zu begreifen, dass entweder alle von ihnen verrückt waren oder dass das, was Ninian ihm zunächst gesagt hatte, die Wahrheit war. Sie kamen aus der Zukunft.

Als Martin sechzehn war, nahm Raymond ihn zu dem Vortrag beiseite, den Ninian vor fünf Jahren versprochen hatte.

„Die ganze Sache ist allein die Schuld meines Bruders Conrad. Wissen Sie, er ist ein Idealist", erklärte Raymond und sprach das letzte Wort voller Abscheu aus.

Martin nickte ernst. Er war jetzt ein ruhiger Junge, seine kurze Vergangenheit war nur noch eine dunkle und ziemlich lächerliche Erinnerung. Wer könnte sich jemals vorstellen, dass er jetzt ein Lebensmittelgeschäft ausraubt oder eine zerbrochene Flasche schwingt? Er war immer noch ziemlich klein und hatte so viel gelesen, dass seine Augen geschwächt waren und er eine Brille tragen musste. Sein Gesicht war blass, weil er wenig Zeit in der Sonne verbrachte, und seine Sprache war ziemlich übertrieben, da seine Mentoren aus der Zukunft alle aktuellen Vulgaritäten sorgfältig ausgerottet hatten.

„Und Conrad war wirklich verärgert über die Art und Weise, wie die Erde die nicht so intelligenten Lebensformen auf den anderen Planeten ausbeutet", fuhr Raymond fort. „Was beunruhigend *ist* – obwohl es natürlich nicht so ist, als wären sie Menschen. Außerdem hat die Regierung darüber gesprochen, Gesetze zu erlassen, um – nun ja, Missbräuche und solche Dinge abzuschaffen, und ich bin mir sicher, dass eines Tages alles passieren wird." Komm schon gut raus. Aber Conrad ist so ungeduldig.

„Ich dachte, in Ihrer Welt erledigen Maschinen die ganze Arbeit", schlug Martin vor.

„Ich habe es dir gesagt – unsere Welt ist genau dieselbe wie diese!" Raymond schnappte. „Wir sind erst ein paar Jahrhunderte oder so später gekommen, das ist alles. Aber denken Sie daran, unsere Interessen sind identisch. Wir sind praktisch die gleichen Leute ... obwohl es erstaunlich ist, welchen Unterschied zweihundert Jahre Fortschritt und Feinschliff machen können." in einer Art, nicht wahr?"

Er fuhr milder fort: „Aber selbst Sie sollten verstehen können, dass wir ohne Metall keine Maschinen herstellen können. Wir brauchen Nahrung. All diese Dinge kommen von den Planeten außerhalb des Systems. Und auf diesen Welten ist es so." „Es ist weitaus günstiger, einheimische Arbeitskräfte einzusetzen, als all die teuren Maschinen auszuliefern. Denn wenn wir den Einheimischen keine Arbeit geben würden, wie würden sie es dann schaffen, zu überleben?"

„Wie haben sie früher gelebt? Wenn ich mal darüber nachdenke, wie lebst du *jetzt* , *wenn du nicht* arbeitest? ... Ich meine nicht im Jetzt für mich, sondern im Jetzt für dich", erklärte Martin mühsam . Es war so schwierig, in der Vergangenheit zu leben und in die Zukunft zu denken.

„Ich versuche, mit dir zu reden, als ob du ein Erwachsener wärst", sagte Raymond, „aber wenn du auf diesen kindischen Unterbrechungen beharrst ..."

„Es tut mir leid", sagte Martin.

Aber das war nicht der Fall, denn inzwischen hatte er kaum noch Respekt vor seinen Nachkommen. Es waren alles überaus hübsche und kultivierte junge Menschen mit hervorragender Bildung, sanfter Sprechweise und großem Selbstvertrauen, aber sie waren einfach nicht besonders klug. Und er hatte herausgefunden, dass Raymond vielleicht der Intelligenteste von allen war. Irgendwann in dieser relativ kurzen Zeitspanne hatte seine Linie oder – was noch beängstigender war – seine Rasse etwas Wichtiges verloren.

Raymond war sich der beinahe Verachtung bewusst, die sein junger Vorfahre ihm entgegenbrachte, und fuhr höflich fort: „Wie dem auch sei, Conrad hat es auf sich genommen, sich besonders schuldig zu fühlen, denn, so entschied er, wenn da nicht die Tatsache gewesen wäre, dass unser großer-" Wenn der Großvater den Superantrieb entdeckt hat, hätten wir vielleicht nie die Sterne erreicht. Was lächerlich ist – sein Schuldgefühl meine ich. Vielleicht ist ein

Urgroßvater für seine Urenkel verantwortlich, aber ein Urenkel kann kaum zur Verantwortung gezogen werden sein Urgroßvater.

„Wie wäre es mit einem Ururenkel?" Martin konnte nicht umhin zu fragen.

―――

Raymond errötete in einem zarten Rosa. „Willst du den Rest hören oder nicht?"

„Oh, das tue ich!" sagte Martin. Er hatte die ganze Sache längst für sich selbst zusammengesetzt, aber er wollte hören, wie Raymond es ausdrücken würde.

„Leider hat Professor Farkas gerade den Zeitsender perfektioniert. Diese Regierungswissenschaftler sind so höllisch bösartig – sie erfinden immer so sinnlose Dinge. Man soll es geheim halten, aber Sie wissen, wie Nachrichten durchsickern, wenn man immer verzweifelt nach einer frischen Nachricht sucht." Thema der Konversation."

Wie auch immer, erklärte Raymond weiter, Conrad habe einen von Farkas' Assistenten für eine Reihe von Plänen bestochen. Conrads Idee war es, in die Vergangenheit zu reisen und „zu eliminieren!" ihr gemeinsamer Urgroßvater. Auf diese Weise gäbe es keinen Weltraumantrieb, und daher würden die Erdbewohner niemals zu den anderen Planeten gelangen und die einheimischen Ureinwohner unterdrücken.

„Klingt nach einer guten Möglichkeit, mit dem Problem umzugehen", bemerkte Martin.

Raymond sah genervt aus. „Es ist die *jugendliche* Art", sagte er, „es abzuschaffen, anstatt eine Lösung zu finden. Würden Sie eine ganze Gesellschaft zerstören, um eine einzige Ungerechtigkeit auszurotten?"

„Nicht, wenn es sonst gut wäre."

„Nun, da ist Ihre Antwort. Conrad hat den Apparat bauen lassen, oder vielleicht hat er ihn selbst gebaut. Man erforscht solche Dinge nicht allzu genau. Aber als es zur Sache kam, konnte Conrad den Gedanken nicht ertragen, unsere Großen zu eliminieren -Großvater – weil unser Urgroßvater so ein *guter* Mann war, wissen Sie." Raymonds ausdrucksstarke Oberlippe kräuselte sich. „ Also beschloss Conrad, noch einen Schritt weiter zu gehen und den Vater seines Urgroßvaters loszuwerden – der allem Anschein nach ein ziemlich wertloser Charakter gewesen war."

„Das wäre wohl ich", sagte Martin leise.

Raymond wurde tiefrot. „Nun, ist das nicht ein Beweis dafür, dass man nicht alles glauben darf, was man hört?" Der nächste Satz fiel mir wie im Flug heraus. „Ich habe ihm die ganze Sache entlockt, und wir alle – die anderen

Cousins und ich – haben sozusagen einen Kriegsrat abgehalten, und wir haben entschieden, dass es unsere moralische Pflicht ist, selbst in die Zeit zurückzureisen und dich zu beschützen." Er strahlte Martin an.

Der Junge lächelte langsam. „Natürlich. Das musstest du. Wenn Conrad es schaffen würde, mich *zu eliminieren*, würde keiner von euch existieren, oder?"

Raymond runzelte die Stirn. Dann zuckte er fröhlich mit den Schultern. „Nun, Sie haben doch nicht wirklich gedacht, dass wir aus purem Altruismus all diese Mühen und Kosten auf uns nehmen würden, oder?" fragte er und wandte sich dabei dem Charme zu, den alle Cousins in verblüffendem Maße besaßen.

Martin machte sich diesbezüglich natürlich keine Illusionen; Er hatte schon vor langer Zeit gelernt, dass niemand etwas umsonst tat. Aber das zu sagen war unklug.

„Wir haben einen weiteren Assistenten des Professors um weitere Pläne bestochen", fuhr Raymond fort, als hätte Martin geantwortet, „und – ach – einen handwerklich begeisterten Menschen überredet, das Gerät für uns zu bauen."

„*Induziert*" alles Mögliche bedeuten konnte, von Erpressung bis zum Einsatz der Eisernen Jungfrau.

„Dann waren wir alle bereit, Conrad zuvorzukommen. Wenn einer von uns Sie Tag und Nacht bewachen würde, wäre er niemals in der Lage, seinen Plan auszuführen. Also machten wir unseren Gegenplan, stellten die Maschine so weit zurück, wie es ging – und hier sind wir!"

„Ich verstehe", sagte Martin.

Raymond schien das nicht wirklich zu glauben. „Schließlich", betonte er abwehrend, „was auch immer unsere Beweggründe waren, es hat sich zu einer guten Sache für Sie entwickelt. Schönes Zuhause, kultivierte Gesellschaft, alle modernen Annehmlichkeiten und ein paar praktische Anachronismen – ich wüsste nicht, was man mehr könnte." Fragen Sie danach. Sie bekommen das Beste aus allen möglichen Welten. Natürlich Ninian *Es war* ein Kinderspiel, es in einem Handelsvorort zu finden, in dem jede Kleinigkeit, die im Weg ist, für Gesprächsstoff sorgt. Wie dankbar bin ich, dass unsere Zeit die Kaufleute vollständig beseitigt hat –"

„Was hast du mit ihnen gemacht?" fragte Martin.

Aber Raymond eilte weiter: „Sobald Ninian geht und ich die volle Verantwortung trage, werden wir einen isolierteren Ort bekommen und ihn in weitaus größerem Maßstab führen. Prahlerei – das ist die Art, hier und jetzt zu leben; je reicher man ist." , desto mehr Exzentrizität kann man sich leisten. Und", fügte er hinzu, „ich könnte es mir genauso gut wie möglich gemütlich machen, während ich unter dieser erbärmlichen historischen Zeit leide."

„Also geht Ninian ", sagte Martin und fragte sich, warum die Nachricht ihn seltsam trostlos machte. Denn obwohl er vermutete, dass er sie irgendwie mochte, hegte er keine Vorliebe für sie – oder sie, das wusste er, für ihn.

„Nun, fünf Jahre sind für ein Mädchen im Exil ziemlich lang", erklärte Raymond, „auch wenn unsere Lebensspanne etwas länger ist als deine. Außerdem wirst du jetzt zu alt, um unter der Unterrock-Regierung zu leben." " Er sah Martin neugierig an. „Du wirst doch nicht ganz weinen und eine Szene machen, wenn sie geht, oder?"

„Nein…", sagte Martin zögernd. „Oh, ich schätze, ich werde sie vermissen. Aber wir stehen uns nicht sehr nahe, also wird es keinen wirklichen Unterschied machen." Das war das Traurige daran: Er wusste bereits, dass es keinen Unterschied machen würde.

Raymond klopfte ihm auf die Schulter. „Ich wusste, dass du kein schlampiger Sentimentalist wie Conrad bist. Obwohl du ihn eher siehst, weißt du."

Plötzlich schien das Conrad real zu machen. Martin verspürte eine leichte Unruhe. Er hielt jedoch seine Stimme gefasst. „Wie willst du mich beschützen, wenn er kommt?"

„Na ja, jeder von uns ist natürlich bis an die Zähne bewaffnet", sagte Raymond mit bescheidenem Stolz und zeigte etwas, das wie eine Kombination aus Raumfahrerpistole und Todesstrahl eines Kindes aussah, aber, wie Martin keinen Zweifel hatte, eine vollkommen echte … und tödlich – Waffe. „Und wir haben ein ziemlich ausgeklügeltes Einbruchmeldesystem."

Martin inspizierte das System und nahm ein oder zwei Änderungen an der Verkabelung vor, die seiner Meinung nach die Effizienz steigern würden. Aber er hatte immer noch Zweifel. „Vielleicht klappt es bei jemandem, der von außerhalb dieses *Hauses kommt* , aber glauben Sie, dass es dieses *Mal auch bei jemandem klappt, der von außerhalb kommt* ?"

„Keine Angst – es hat einen zeitlichen Radius", antwortete Raymond. „Werksgarantie und so."

„Um auf der sicheren Seite zu sein", sagte Martin, „denke ich, dass ich besser auch eine dieser Waffen haben sollte."

„Eine großartige Idee!" schwärmte Raymond. „Daran wollte ich gerade denken!"

Als es Zeit für den Abschied war, war es Ninian , die weinte – Tränen über ihre eigene Unzulänglichkeit, das wusste Martin, nicht aus Kummer. Er wurde immer geschickter darin, seine Nachkommen zu verstehen, viel besser als sie ihn verstanden. Aber dann haben sie es nie wirklich versucht. Ninian küsste ihn feucht auf die Wange und sagte, sie sei sicher, dass alles gut werden würde und sie ihn wiedersehen würde. Sie tat es jedoch nie, außer ganz zum Schluss.

Raymond und Martin zogen in eine luxuriöse Villa in einer abgelegenen Gegend. Der Standort erwies sich als gut gewählt; Als der Zweite Atomkrieg ein halbes Dutzend Jahre später ausbrach, blieben sie davon unberührt. Martin war sich nie sicher, ob es reines Glück oder fachmännische Planung war. Wahrscheinlich Glück, denn seine Nachkommen waren äußerst unfähige Planer.

Nur wenige Menschen auf der Welt konnten es sich damals leisten, so stilvoll zu leben wie Martin und sein Vormund. Der Ort enthielt nicht nur alle möglichen Annehmlichkeiten und Geräte, sondern war auch vollgestopft mit Bibelots und Antiquitäten, die Raymond sorgfältig ausgewählt und von Martin bestritten hatte, denn für den Mann aus der Zukunft waren alle verfügbaren Artefakte Antiquitäten. Ansonsten akzeptierte Martin seine neue Umgebung. Sein Sinn für Staunen war inzwischen abgestumpft, und das rosafarbene, pseudo-spanische Schloss – „architektonisch natürlich schrecklich", hatte Raymond gesagt, „aber so unglaublich typisch" – beeindruckte ihn weitaus weniger als das vorstädtische Aquarium auf zwei Ebenen.

„Wie wäre es mit einem Wassergraben?" Martin schlug vor, als sie das erste Mal kamen. „Es scheint zu einer Burg zu passen."

„Glaubst du, ein Burggraben könnte Conrad aufhalten?" fragte Raymond amüsiert.

„Nein", lächelte Martin und kam sich ziemlich albern vor, „aber es würde den Ort irgendwie sicherer erscheinen lassen."

Die Bedrohung durch Conrad machte ihn immer nervöser. Er erhielt Raymonds Erlaubnis, zwei Rüstungen, die in der Eingangshalle standen, zu nehmen und sie einem örtlichen Museum zu präsentieren, weil er mehrmals glaubte, sie bewegen zu sehen. Er wurde auch ein Experte im Umgang mit der Strahlenkanone und veränderte damit die umliegende Landschaft ziemlich stark, bis Raymond warnte, dass dies Conrad zu ihnen führen könnte.

In diesen frühen Jahren wurden Martins Lehrer gegen diejenigen mit höherem Abschluss ausgetauscht, die jetzt benötigt wurden. Es stellte sich unweigerlich die Frage, was die Berufung des Jugendlichen in diesem Leben sein würde. Mindestens zwanzig der Cousins und Cousinen kamen im Laufe der Zeit zurück, um einen ihrer lebhaften Familienräte abzuhalten. Martin war noch jung genug, um solche Anlässe zu genießen, und fand sie allen anderen Formen der Unterhaltung weit überlegen.

„Diese Art von Problem würde heutzutage nicht mehr auftreten, Martin", kommentierte Raymond, als er seinen Platz an der Spitze des Tisches einnahm, „denn, wenn man nicht ausdrücklich eine Berufung zu dem einen oder anderen Beruf verspürt, ist man einfach – nun ja, treibt fröhlich dahin.

„Unsere Welt ist wunderbar", seufzte Grania Martin an. „Ich wünschte nur, wir könnten dich dorthin bringen. Ich bin sicher, es würde dir gefallen."

„Sei kein Narr, Grania!" Raymond schnappte. „Na, Martin, hast du dich schon entschieden, was du werden willst?"

Martin tat so, als würde er nachdenken. „Ein Physiker", sagte er nicht ohne Bosheit. „Oder vielleicht ein Ingenieur."

Es gab einen lauten, aufgeregten Chor des Widerspruchs. Er lachte innerlich.

„Das geht nicht", sagte Ives. „Könnte ein paar Konzepte von uns übernehmen. Ich weiß nicht wie; keiner von uns hat etwas von Wissenschaft. Aber es könnte passieren. Unterbewusste Osmose, wenn es so etwas gibt. Auf diese Weise könnte man im Voraus etwas erfinden." Und der Kerl, von dem wir die Pläne bekamen, hat uns ausdrücklich davor gewarnt. Die Geschichte verändern. Gefährlich."

„Könnte unsere Zeit furchtbar vermasseln", fügte Bartholomew hinzu, „obwohl ich, um ganz ehrlich zu sein, nicht ganz verstehen kann, wie."

„Ich werde mich nicht hinsetzen und dir die ganze Sache noch einmal erklären, Bart!" sagte Raymond ungeduldig. „Na, Martin?"

"Was würdest du vorschlagen?" fragte Martin.

„Wie wäre es, Maler zu werden? Kunst ist ewig. Und ganz Gentleman. Außerdem wird von Künstlern immer erwartet, dass sie ihrer Zeit hinterherhinken oder ihrer Zeit voraus sind."

„Außerdem", fügte Ottilie hinzu, „konnte ein weiterer Künstler keinen großen Unterschied in der Geschichte machen. Es gab so viele von ihnen im Laufe der Jahrhunderte."

Martin konnte seine Frage nicht zurückhalten. „Was war ich eigentlich in jener anderen Zeit?"

Es herrschte kühle Stille.

„Lass uns nicht darüber reden, Liebes", sagte Lalage schließlich. „Seien wir einfach dankbar, dass wir Sie davor bewahrt haben!"

Also wurden Zeichenlehrer eingestellt und Martin wurde ein sehr kompetenter Künstler zweiter Klasse. Er wusste, dass er nie den ersten Rang erreichen würde, denn obwohl er noch so jung war, war seine Arbeit fast rein intellektueller Natur. Das einzige Gefühl, das er zu empfinden schien, war Angst – die allgegenwärtige Angst, dass er eines Tages in einen Korridor einbiegen und auf einen Mann treffen würde, der wie er aussah – einen Mann, der ihn um eines Ideals willen töten wollte.

Doch die Angst war auf Martins Bildern nicht zu erkennen. Es waren hübsche Bilder.

Cousin Ives – da Martin nun älter war, wurde ihm gesagt, er solle den Nachkommen *Cousin nennen* – übernahm als nächstes die Vormundschaft. Ives nahm seine Verantwortung ernster als die anderen. Er arrangierte sogar die Ausstellung von Martins Werken in einer Kunstgalerie. Die Gemälde stießen zwar auf kritische Zustimmung, lösten jedoch keine Begeisterung aus. Der bescheidene Verkauf erfolgte hauptsächlich an Innenarchitekten. Museen waren nicht interessiert.

„Braucht Zeit", versuchte Ives ihn zu beruhigen. „Eines Tages werden sie deine Bilder kaufen, Martin. Warte ab."

Ives war der einzige der Nachkommen, der Martin offenbar als Individuum betrachtete. Als seine Versuche, mit dem anderen jungen Mann Kontakt aufzunehmen, scheiterten, machte er sich Sorgen und beschloss, dass Martin einen Luft- und Szenenwechsel brauchte.

„Natürlich kannst du nicht auf die Grand Tour gehen. Dein Sohn hat die Raumfahrt noch nicht erfunden. Aber wir können uns diese Welt ansehen. Was davon übrig ist. Touristen mögen Ruinen sowieso immer am liebsten."

Also nutzte er die enormen künftigen Ressourcen der Familie und kaufte eine Yacht, die Martin „ *The Interregnum* " taufte . Sie reisten von Meer zu Meer und von Meer zu Meer, legten verschiedene Häfen an und unternahmen Ausflüge ins Landesinnere. Martin sah die zivilisierte Welt – meist in Fragmenten; die nahezu intakte halbzivilisierte Welt und die unzivilisierte Welt, so wie es schon seit Jahrhunderten war. Es war, als würde man ein riesiges Museum besuchen; er schien sich nicht mehr mit seiner eigenen Zeit identifizieren zu können.

Die anderen Cousins schienen die Yacht als angenehmes Hauptquartier zu empfinden, vor allem weil sie so viel Zeit weit weg von den heutigen Bewohnern des Planeten verbringen und sich entspannen und sie selbst sein konnten. Deshalb kehrten sie nie wieder an Land zurück. Martin verbrachte den Rest seines Lebens am *Interregnum* . Dort fühlte er sich seltsamerweise sicherer vor Conrad, obwohl es keinen triftigen Grund gab, warum ein Ozean einen Zeitreisenden aufhalten sollte.

Es waren mehr Cousins als je zuvor gleichzeitig zu Hause, weil sie zur Seereise kamen. Sie verbrachten die meiste Zeit an Bord des Schiffes, gaben sich gegenseitig Partys und spielten eine *avantgardistische* Form des Shuffleboards und spielten bei zukünftigen Sportveranstaltungen. Letzteres endete meist in einer Schlägerei, weil ein Cousin dem anderen mit Sicherheit vorwarf, er hätte vorab Informationen über die Ergebnisse erhalten.

Martin kümmerte sich nicht besonders um ihre Gesellschaft und verkehrte nur dann mit ihnen, wenn es offensichtlich unhöflich gewesen wäre, es nicht zu tun. Und obwohl es sich größtenteils um gesellige junge Leute handelte, machten sie seiner Gesellschaft keinen Hof. Er vermutete, dass er ihnen Unbehagen bereitete.

Er mochte Ives jedoch eher. Manchmal waren die beiden allein zusammen; dann würde Ives Martin von der zukünftigen Welt erzählen, aus der er gekommen war. Das von Raymond und Ninian gezeichnete Bild sei nicht ganz zutreffend gewesen, gab Ives zu. Zwar gab es auf der Erde weder Krieg noch Armut, aber das lag daran, dass nur noch ein paar Millionen Menschen auf dem Planeten lebten. Es war eine Enklave der hochprivilegierten, stark gemischten Aristokratie, zu der Martins Nachkommen aufgrund ihrer angesehenen Abstammung gehörten.

„Eher feudal, nicht wahr?" fragte Martin.

Ives stimmte zu und fügte hinzu, dass das System jedoch bewusst geplant und nicht das Ergebnis einer zufälligen natürlichen Entwicklung sei. Alles, was möglicherweise unangenehm war, wie die Kaufleute , war deportiert worden.

„Nicht nur Eingeborene , die auf anderen Welten leben ", sagte Ives, als die beiden an der Schiffsreling standen, umgeben von der grenzenlosen Weite des einen oder anderen Ozeans. „Menschen auch. Größtenteils untere Klassen, außer Beamten und anderen Dingen. Mit Kriegen und Not und Leid", fügte er bedauernd hinzu, „dasselbe wie zu Ihrer Zeit … Ich meine, wie jetzt", korrigierte er sich. „Vielleicht *ist es* schlimmer, so wie Conrad denkt. Mehr Planeten, auf denen wir Ärger machen können. Drei, die bewohnbar waren, sind es nicht mehr. Bombardiert. Sehr gründliche Arbeit."

„Oh", murmelte Martin und versuchte, schockiert, entsetzt – sogar interessiert – zu klingen.

„Manchmal bin ich mir nicht ganz sicher, ob Conrad falsch lag", sagte Ives nach einer Pause. „Ich habe versucht, uns davon abzuhalten, zu den Sternen zu gelangen und den Menschen – ich schätze, man könnte sie Menschen nennen – dort Schaden zuzufügen. Trotzdem", er lächelte beschämt,

„konnte nicht zusehen, wie meine eigene Lebensweise zerstört wurde, oder?"
"

„Ich denke nicht", sagte Martin.

„Dazu wäre Zivilcourage nötig. Ich habe sie nicht. Keiner von uns hat sie, außer Conrad, und selbst er ..." Ives schaute aufs Meer hinaus. „Das muss ein besserer Ausweg sein als der von Conrad", sagte er ohne Überzeugung. „Und am Ende wird alles gut gehen. Bestimmt. Es hat keinen Sinn, – zu irgendetwas, wenn es nicht klappt." Er warf Martin einen wehmütigen Blick zu.

„Das hoffe ich", sagte Martin. Aber er konnte nicht hoffen; er konnte nicht fühlen; es schien ihm völlig egal zu sein.

Während dieser ganzen Zeit erschien Conrad immer noch nicht. Martin hatte sich mittlerweile so gut im Umgang mit der Strahlenpistole entwickelt, dass er sich fast wünschte, sein Nachkomme würde auftauchen, damit es etwas Aufregung geben würde. Aber er kam nicht. Und Martin kam zum Nachdenken...

Er hatte immer das Gefühl, wenn einer der Cousins den grundlegenden Fehler in dem von ihnen ausgeheckten Plan hätte erkennen können, dann wäre es Ives gewesen. Als die Yacht jedoch in einem bitterkalten Winter Feuerland erreichte, erlitt Ives eine schwere Erkältung. Sie schickten einen Arzt aus der Zukunft – einen der Nachkommen, der exzentrisch genug gewesen war, ein Medizinstudium zu absolvieren –, aber er konnte Ives nicht retten. Der Leichnam wurde mindestens hundert Jahre vor seinem Geburtsdatum im gefrorenen Boden von Ushuaia an der Südspitze des Kontinents begraben.

Viele der Cousins und Cousinen waren bei der einfachen Zeremonie anwesend. Alle waren in überwältigendem Schwarz gekleidet und zeigten große Trauer. Raymond las den Begräbnisgottesdienst, weil sie es nicht wagten, einen geistlichen Cousin aus der Zukunft herbeizurufen; Sie befürchteten, er könnte sich bei der gesamten Unternehmung als ziemlich spießig erweisen.

„Er ist für uns alle gestorben", schloss Raymond seine Trauerrede über Ives, „also war sein Tod nicht umsonst."

Aber Martin war anderer Meinung.

Die unaufhörliche Reise begann von neuem. *Das Interregnum* bereiste jeden Ozean und jedes Meer. Manche waren blau, manche grün und manche braun. Nach einer Weile konnte Martin die beiden nicht mehr voneinander unterscheiden. Cousin nach Cousin kam, um über ihn zu wachen, und schließlich waren sie für ihn genauso schwer zu unterscheiden wie die verschiedenen Ozeane.

Alle Cousins waren jung, denn obwohl sie zu unterschiedlichen Zeitpunkten in sein Leben kamen, hatten sie in ihrem Leben alle zur gleichen Zeit begonnen. Nur die Kleinen waren in das Unterfangen einbezogen worden; Sie vertrauten ihren Älteren nicht.

Im Laufe der Jahre begann Martin sogar sein distanziertes Interesse am Land und seinen Aktivitäten zu verlieren. Obwohl die Yacht häufig einen Hafen anlief, um Treibstoff oder Vorräte zu holen – es war zu dieser Zeit wirtschaftlicher, sie zu kaufen, als sie aus der Zukunft verschiffen zu lassen –, ging er selten an Land und auch dann nur auf Drängen eines neu eingesetzten Cousins, der das unbedingt sehen wollte Sehenswürdigkeiten. Die meiste Zeit verbrachte Martin damit, das Meer zu beobachten – und manchmal malte er es. Seine Seestücke schienen eine Tiefe zu haben, die seinen anderen Arbeiten fehlte.

Als er von seinem jetzigen Cousin gedrängt wurde, irgendwo einen Landbesuch zu machen, beschloss er, einige seiner Meeresgemälde auszustellen. Auf diese Weise konnte er sich selbst vorgaukeln, dass diese Reise einen Sinn hatte. Er war zu der Überzeugung gekommen, dass es seinem Leben möglicherweise an einem Sinn mangelte, und suchte eine Zeit lang überall nach einem Sinn, was den Cousin völlig verärgerte.

„Iss, trink und sei fröhlich, oder was auch immer ihr Römer sagt, wenn ihr tut, was ihr tut", der Cousin – der in der Geschichte eher schwammig war; Die Nachkommen waren jetzt am Boden angelangt – geraten.

Martin zeigte seine Arbeiten in Italien, damit der Cousin von der aktuellen Römerernte desillusioniert werden konnte. Er stellte fest, dass weder Absicht noch Bosheit ausreichten; er war immer noch unermesslich gelangweilt. Ein Museum kaufte jedoch zwei der Gemälde. Martin dachte an Ives und verspürte ein unangenehmes Gefühl, das er nicht mehr verstehen konnte.

„Wo war Conrad wohl die ganze Zeit?" Martin fragte beiläufig den jetzigen Cousin – der inzwischen als sein Neffe galt.

Der junge Mann zuckte zusammen und blickte sich dann unbehaglich um. „Conrad ist ein sehr kluger Kerl", flüsterte er. „Er wartet ab, bis wir unvorbereitet sind. Und dann – pow! – wird er angreifen!"

„Oh, ich verstehe", sagte Martin.

Er hatte sich oft vorgestellt, dass Conrad sich als das anregendste Mitglied der gesamten Generation erweisen würde. Aber es schien unwahrscheinlich, dass er jemals Gelegenheit zu einem Gespräch mit dem jungen Mann haben würde. Jedenfalls mehr als ein Gespräch.

„Wenn er auftaucht, werde ich dich beschützen", schwor der Cousin und berührte seine Strahlenpistole. „Du musst dir keine Sorgen machen."

Martin lächelte mit all dem Charme, den er sich nur aneignen konnte. „Ich habe vollstes Vertrauen in dich", sagte er zu seinem Nachkommen. Er selbst hatte das Tragen einer Waffe schon vor langer Zeit aufgegeben.

Auf der Nordhalbkugel herrschte Krieg und so reiste *das Interregnum* in südliche Gewässer. Im Süden herrschte Krieg und sie versteckten sich in der Arktis. Alle Nationen hatten zu wenig Macht – Treibstoff, Menschen und Willen –, um kämpfen zu können, und so herrschte lange Zeit ein unfruchtbarer Frieden. *Die Interregnum* segelte ruhelos über die Meere, mit einer Ladung Passagieren aus der Zukunft und einem gelangweilten und alternden Zeitgenossen. Wegen der allgegenwärtigen Gefahr von Piraten trug sie jetzt große Waffen.

Vielleicht war es die traditionell belebende Wirkung der Seeluft – vielleicht war es das behütete Leben –, aber Martin wurde ein sehr alter Mann. Er war hundertvier Jahre alt, als seine letzte Krankheit kam. Es war eine große Erleichterung, als der aus der Zukunft erneut hinzugezogene Hausarzt sagte, es gebe keine Hoffnung. Martin glaubte nicht, dass er ein weiteres Lebensjahr hätte ertragen können.

Alle Cousins versammelten sich auf der Yacht, um ihrem Vorfahren die letzte Ehre zu erweisen. Er sah Ninian nach all den Jahren wieder und Raymond – all die anderen, Dutzende von ihnen, die sich um sein Bett drängten, aus der Kabine in die Gänge und auf das Deck strömten und ihr übliches Geschrei von sich gaben, wenn auch mit ihren Stimmen wurden verstummt.

Nur Ives fehlte. Er hatte das Glück gehabt, das wusste Martin. Ihm war die Tragödie erspart geblieben, die diesen aufblühenden jungen Menschen widerfahren würde – alle im gleichen Alter wie bei Martins letzter Begegnung und dazu verdammt, nie älter zu werden. Unter ihrer Maske des Leids konnte er die Erleichterung bei dem Gedanken erkennen, dass sie sich endlich ihrer Verantwortung entledigen würden. Und unter Martins Totenmaske verbarg sich ein unpersönliches Mitleid mit seinen armen, dummen Nachkommen, die einen so unwiederbringlichen Fehler begangen hatten.

Es gab nur ein Gesicht, das Martin noch nie zuvor gesehen hatte. Es war jedoch kein seltsames Gesicht, denn Martin hatte als junger Mann ein sehr ähnliches Gesicht im Spiegel gesehen.

„Du musst Conrad sein", rief Martin mit immer noch klarer Stimme durch die Kabine. „Ich freue mich schon seit einiger Zeit darauf, Sie kennenzulernen."

Die anderen Cousins wirbelten herum, um den Neuankömmling anzusehen.

„Du bist zu spät, Con", freute sich Raymond für die ganze Generation. „Er hat sein Leben ausgelebt."

„Aber er hat sein Leben nicht ausgelebt", widersprach Conrad. „Er hat das Leben ausgelebt, *das du* für ihn geschaffen hast. Und auch für dich selbst."

Zum ersten Mal sah Martin Mitgefühl in den Augen eines Angehörigen seiner Abstammung und fand es ein wenig beunruhigend. Es schien nicht dorthin zu gehören.

„Ist dir noch nicht klar", fuhr Conrad fort, „dass du, sobald er geht, auch gehen wirst – Gegenwart, Vergangenheit, Zukunft, wo immer du bist, du wirst wie Wolken in die Luft steigen." Rauch?"

"Wie meinst du das?" Ninian zitterte, ihr weiches, hübsches Gesicht war alarmiert.

Martin antwortete auf Conrads reumütiges Lächeln, überließ die Erklärungen aber ihm. Es war schließlich seine Show.

„Weil es dich nie gegeben hat", sagte Conrad. „Ihr habt keine Daseinsberechtigung; ihr habt ihn die ganze Zeit beobachtet, sodass er keine Chance hatte, ein normales Leben zu führen, zu heiraten, *Kinder zu bekommen* …"

Die meisten Cousins schnappten nach Luft, als die Wahrheit ans Licht kam.

„Ich wusste von Anfang an", beendete Conrad, „dass ich überhaupt nichts tun musste. Ich musste nur warten und ihr würdet euch selbst zerstören."

„Ich verstehe das nicht", protestierte Bartholomew und blickte in die Gesichter der Cousins, die ihm am nächsten standen. „Was meint er damit? Wir haben nie existiert? Wir sind hier, nicht wahr? Was –"

"Den Mund halten!" Raymond schnappte. Er wandte sich an Martin. „Du scheinst nicht überrascht zu sein."

Der alte Mann grinste. „Das bin ich nicht. Ich habe das alles schon vor Jahren herausgefunden."

Zuerst hatte er sich gefragt, was er tun sollte. Wäre es besser, sie in vergebliche Panik zu versetzen, indem man es ihnen sagt, oder nichts zu tun? Er hatte sich für Letzteres entschieden; Das war die Rolle, die sie ihm zugewiesen hatten – wachen und warten und sich aus den Dingen heraushalten – und das war die Rolle, die er spielen würde.

„Du wusstest es die ganze Zeit und hast es uns nicht gesagt!" Raymond stotterte. „Nachdem wir so gut zu dir gewesen sind und einen Gentleman aus dir gemacht haben, statt einen Kriminellen ... Genau", knurrte er, „einen Kriminellen! Einen Alkoholiker, einen Dieb, einen Verfallenen! Wie gefällt dir das?" ?"

„Klingt nach einem reichen, erfüllten Leben", sagte Martin wehmütig.

Was für eine aufregende Existenz müssen sie ihm genommen haben! Aber dann kam er nicht umhin zu denken, dass er – er und Conrad natürlich zusammen – sie aus *jeder* Existenz heraus getan hatten. Es lag jedoch nicht in seiner Verantwortung; Er hatte nichts anderes getan, als die Dinge ihren Lauf nehmen zu lassen, wie es ihnen zugedacht war. Wenn er nur sicher sein könnte, dass es der bessere Weg wäre, würde er vielleicht nicht dieses quälende Schuldgefühl in sich verspüren. Seltsam – wo in seinem hermetischen Leben hätte er möglicherweise so etwas Seltsames wie ein Gewissen entwickeln können?

„Dann haben wir die ganze Zeit verschwendet", schluchzte Ninian , „all diese Energie, all dieses Geld, umsonst!"

„Aber ihr wart von Anfang an nichts", sagte Martin ihnen. Und dann, nach einer Pause, fügte er hinzu: „Ich wünschte nur, ich könnte sicher sein, dass das einen Zweck hatte."

Er wusste nicht, ob der nahende Tod seine Sicht trübte oder ob die verängstigte Menge, die sich um ihn drängte, nur noch schattenhaft wurde.

„Ich wünschte, ich könnte das Gefühl haben, dass etwas Gutes getan wurde, indem ich zuließ, dass du aus der Existenz ausgelöscht wurdest", fuhr er fort, seine Gedanken zum Ausdruck zu bringen. „Aber ich weiß, dass das Gleiche, was euren Welten und meiner Welt passiert ist, noch einmal passieren wird. Anderen Menschen, zu anderen Zeiten, aber noch einmal. Es wird zwangsläufig passieren. Es gibt keine Hoffnung für die Menschheit."

Ein einzelner Mann könnte den Lauf der Menschheitsgeschichte nicht wirklich ändern, sagte er sich. Das waren zwei Männer – einer echt, einer ein Schatten.

Conrad näherte sich dem Bett des alten Mannes. Er war fast durchsichtig.

„Nein", sagte er, „es gibt Hoffnung. Sie wussten nicht, dass der Zeitsender auf zwei Arten funktioniert. Ich habe ihn nur einmal verwendet, um in die Vergangenheit zu reisen – nur dieses eine. Aber ich bin damit schon oft in die Zukunft gereist." Und –" er drückte Martins Hand – „glauben Sie mir, was ich getan habe – was *wir* getan haben, Sie und ich – dient einem Zweck. Es wird die Dinge zum Besseren verändern. Alles wird gut."

Sagte Conrad ihm die Wahrheit, fragte sich Martin, oder gab er den Sterbenden nur die konventionelle Beruhigung? Versuchte er sich darüber hinaus davon zu überzeugen, dass das, was er getan hatte, das Richtige war? Jeder Cousin hatte Martin versichert, dass alles gut werden würde.

War Conrad *tatsächlich* anders als die anderen?

Sein Plan hatte funktioniert und der der anderen nicht, aber sein einziger Plan bestand darin, nichts zu tun. Das war alles, was er und Martin getan hatten ... nichts. Wurden sie von jeder Verantwortung entbunden, nur weil sie abseits standen und die Schwächen der anderen ausnutzten?

„Warum", sagte sich Martin, „in gewisser Weise könnte man sagen, dass ich meine ursprüngliche Bestimmung erfüllt habe – dass ich ein Verbrecher bin."

Nun, es spielte keine Rolle; Was auch immer passierte, niemand konnte ihm die Schuld geben. Er hatte keinen Anteil an der kommenden Zukunft. Es war die Zukunft anderer Männer – das Problem anderer Männer. Er starb dann sehr friedlich, und da er der einzige war, der noch auf dem Schiff war, gab es niemanden, der ihn begraben konnte.

Die unbemannte Jacht trieb jahrelang über die Meere und brachte viele Legenden hervor, von denen keine so unglaublich war wie die Wahrheit.